AF252417

LE VOYAGE DE St. CLOUD, PAR MER ET PAR TERRE.

SECONDE PARTIE.

Contenant le Retour de St. Cloud à Paris, par mer & par terre.

Ex noto fictum carmen fequar, ut fibi quivis
Speret idem; fudet multùm, fruftràque laboret
Aufus idem . . . .

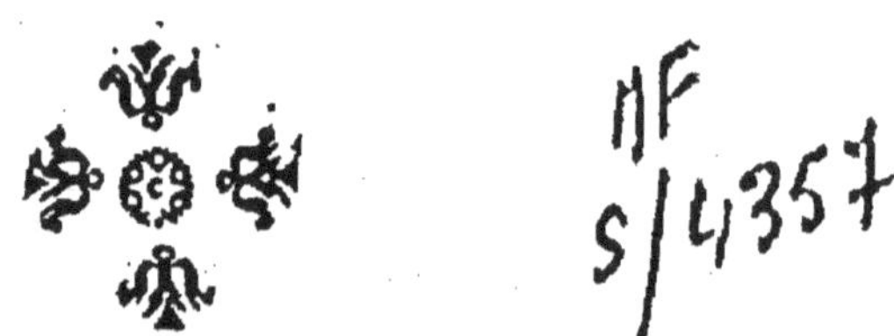

A LA HAYE,

Aux dépens de la COMPAGNIE.

M. DC. LII.

VOYAGE

DU

ST. GROUX

PAR MER

ET PAR TERRE.

SECONDE PARTIE.

Contenant le Retour de S. Cloud, &c.
par mer & par terre.

Tanto Felium examen fugere, ut tibi quivis
Spectet ille ... multa ... fabula.

....

A LA HAYE,

Aux dépens de la Compagnie.

M. DCC. XIX.

A LA BELLE
HENRIETTE.

MADEMOISELLE,

UN Ouvrage entrepris par vos ordres, ne doit paroître que sous votre nom. Peut-être vous semblerai-je téméraire du vous l'offrir actuellement que le Public en a eu les prémices ; mais si le caprice du sort m'a ravi la moitié de mon bien, je ne puis que dire : Sic Dii voluistis.

Pour ce qui me reste en mon pouvoir, je vous en dois tout l'hommage par mille raisons. Vous en êtes l'objet principal ; comme vous en avez été le principal témoin, je dirois presque que vous en êtes le principal auteur, puisque ce qu'il aura de bon, c'est de vous que je le tiens. C'est vous, & je le dirois à l'univers, c'est vous qui avez étendu la sphère de mes connoissances, dévelloppé & vivifié le germe de ma conception, éclairci le crépuscule de ma raison, échauffé les froideurs de mon génie ; mon ouvrage est donc le vôtre tout entier.

Vous n'y trouverez pas, il est vrai, cette délicatesse qui vous est propre en tout, dans les sentimens comme dans les pensées, qui influe jusques sur vos traits & votre complexion. Le ciel dispense différemment ses dons, & d'ailleurs : Non omnibus licet adire Corinthum.

Si vous ne voyez pas dans cette Epître, ainsi que le voudroit l'usage, votre portrait entouré d'une guirlande de fleurs d'éloquence ; c'est que vous m'avez tout appris, excepté à vous louer. Au reste, qui seroit assez téméraire de l'oser ? Quel génie assez échauffé des vapeurs divines, quel pinceau assez délicat, quelles couleurs assez vives pourroient exprimer tout ce que vous êtes au naturel ; ces charmes dont la vue fourniroit des traits d'éloquence aux muets même ; cet air fin & enjoué que rien n'altère ; cette modestie qui voudroit cacher mille vertus, mais qui ne les rend que plus brillantes ; ces graces fines & légères qui croissent sous vos pas ; enfin ce je ne sçai quoi qui met les amours en haleine, & que les graces n'envisagent qu'avec des yeux jaloux !

Voilà tout ce que je voudrois ; mais ce que je ne puis dire d'une façon digne de vous. Agréez donc l'aveu de mon impuissance ; c'est tout ce que peut dire une personne qui vous aime & qui vous adore.

Je suis avec une flamme parfaite,

MADEMOISELLE,

De vos graces le très-disposé
serviteur, ****.

PREFACE.

A La priére de l'adorable Henriette, j'avois
consenti à mettre sur le papier l'Histoire
de mon Voyage de Saint-Cloud: J'étois en train
de prendre toutes les précautions nécessaires
pour rendre cet Ouvrage aussi complet & aussi
parfait qu'il méritoit de l'être ; j'étois à consul-
ter les Auteurs anciens & modernes , à ramasser
tout ce que les voyageurs en ont vû & raconté ;
j'aurois après cela exposé le plan de tout l'Ouvrage dans une Préface longue & diserte. Puis
venant à l'Ouvrage même j'aurois détaillé cha-
que circonstance de mon voyage ; j'aurois mis
au jour toutes les contradictions des différens
Auteurs. Leur silence même m'auroit fourni
l'occasion à d'amples dissertations ; j'aurois parlé exactement de la pluie , & du beau tems qu'il
fait dans ces pays lointains ; j'aurois fait une
description articulée de tout ce qui y vit , pois-
sons , oiseaux , animaux terrestres : les insectes
même n'auroient pas échappé à ma vue : j'aurois fait..... & que n'aurois-je pas fait ! Par ce
moyen je me serois aisément trouvé le père de
plusieurs volumes *in*-4°. Glorieux d'une si nombreuse progéniture , je les aurois fait paroître les
uns après les autres , pour ménager le public &
me faire plaisir à moi-même.

J'avois déja remué ciel & terre , fatigué tous
les Bibliothécaires de Paris & des Provinces ;

j'avois ouvert une correspondance avec un Ingénieur de la Marine ; enfin j'avois écrit jusqu'en Barbarie, en Chine, & aux Monomotapa, lorfque Henriette me voulut faire rendre compte de mon ouvrage. Quand je lui eus dit que j'étois à apprêter mes matériaux, & que dans six mois je pourrois commencer à coucher fur le papier, elle fe mit à rire comme une folle. » Eh » quoi, me dit-elle, voulez vous donc faire une » *Hiftoire générale de Voyage*? Que vous connoif » fez peu le goût de Paris ! Un Ouvrage qui a » feulement l'apparence de longueur, ennuie » avant qu'on y jette les yeux ; au lieu qu'une » petite brochure d'une ou de deux heures de » lecture plaît à coup fûr. Mettez la main à la » plume ; c'eft une affaire de huit jours.

Apollon & Henriette font pour moi, même chofe ; je me mis donc à écrire, & au bout de quatre jours je fus en état de lui remettre la moitié de l'Ouvrage : elle le lut, le crayon à la main, & me le renvoya un peu bigarré. Mais pendant que je travaillois à raccommoder cette première partie, & à débrouiller l'autre moitié, je rencontre en mon chemin un exemplaire imprimé de mon Ouvrage, fous le titre de *Voyage de St. Cloud, par Mer & par Terre.* Une main étrangère l'avoit terminé à fa guife, parce que dans le fonds il n'étoit pas achevé. Ma furprife fut extrême ; je ne pouvois m'imaginer le *comment* ; mais enfin je le fçus ; c'étoit une femme de chambre qui pendant que Mademoifelle Henriette s'endormoit, avoit eu la curiofité de jeter les yeux fur ce petit Ouvrage : la lecture lui plut, & conjecturant que c'étoit une occafion de s'affurer une rente de rubans, falbalas & autres fanfreluches, elle le fit copier, & alla le préfenter à un Libraire avide, qui, dès qu'il fçut que cela pouvoit faire une brochure, fut charmé de l'acheter, moitié en argent, moitié en promeffes. Telle eft l'hiftoire de cet Ouvrage informe & incomplet, qui a cependant eu le bonheur d'être un peu goûté, même des Cenfeurs ordinairement rigides. J'ai confcience de voir le public trompé d'une façon fi inique, & je me fais un devoir aujourd'hui de le dédommager, en lui donnant de quoi parfaire l'Ouvrage, qui a fon utilité dans la fcience géographique.

Je crois avoir tout dit ; je commence, ou plutôt je continue.

plûtôt je commence.

Je crois avoir tout dit: je commence, ou
j'oublie.

LE RETOUR DE S. CLOUD.

LES neuf jours que je passai à S. Cloud avec Henriette, ne furent pour moi que des instans ; mais (telle est la nature des plaisirs d'ici bas) il fallut penser à y renoncer, au moment que je commençois à en jouir.

Henriette avoit promis de se rendre à Paris un jour fixé, ma mère & mes tantes m'attendoient comme le Messie ; il fallut se résoudre à abandonner ce Pays charmant, que je puis appeller le berceau de mes connoissances.

L'endroit seul que nous habitions étoit digne de fixer le Philosophe le plus indifférent.

L'exposition est la plus heureuse que l'on puisse s'imaginer. Une grande partie du Royaume de France se range, pour ainsi dire, en ceintre pour former un horizon intéressant ; la disposition du jardin, où l'art & la nature semblent s'être diverti tour à tour, favorise ce coup d'œil enchanteur ; quatre terrasses supérieures les unes aux autres forment différens théâtres, d'où l'on promène sa vue autant qu'elle peut s'étendre ; plusieurs bassins embellissent les parterres, &

B

des jets d'eau, qui s'élancent nuit & jour, les
rendent comme vivans & animés. Tout y est
distribué avec une sage proportion. Ici le pota-
ger offre les légumes les mieux choisies, les sa-
lades les plus rares ; là c'est le fruitier qui, gar-
ni des plus beaux dons de Pomone, réjouit la
vue, & excite l'appétit le plus endormi ; plus
loin un parterre de fleurs émaillé de mille couleurs satisfait l'odorat, & fournit aux bergères
de quoi parer leurs belles chevelures ; sur le côté
un petit bois permet d'être solitaire au milieude
la plus belle vue du monde ; plus bas des maro-
niers rangés avec art, forment une salle où peut
se divertir la jeunesse folâtre, & où la vieillesse
peut tenir ses sérieux conseils. Bacchus voit de
tous côtés ses raisins descendans croître avec
succès, étonné lui-même d'en appercevoir de
Corinthe. Au milieu des terrasses s'élève un petit donjon, qui présente un agréable asyle contre l'ardeur du soleil ou les fureurs de l'orage ;
un sombre berceau conduit à la maison qui est
placée au haut ; c'est de là que l'on apperçoit
avec autant de plaisir que de surprise, les différentes richesses du jardin, & toute la magnificence de la vue. La maison est aussi commode
en dedans qu'elle est simple en dehors. L'indus-
trie y a rassemblé mille agrémens ; une petite
galerie qui s'avance dans le jardin sert d'obser-
vatoire : rien n'y manque. Une longue lunette,
un vaste porte-voix, voilà de quoi occuper les oi-
sifs. La lunette sert à distinguer les pavillons des
différens vaisseaux qui passent ou qui abordent
(car la mer baigne les murs du jardin) ; &

avec le porte-voix l'on s'amuse à jeter un moment dans l'erreur ou dans l'épouvante le Pilote qui manœuvre. L'aimable séjour !

Voilà cependant tout ce qu'il fallut quitter. Le départ néanmoins ne me coûta point de larmes. Henriette devoit m'accompagner ; elle se faisoit une fête (ce sont ses termes) de me faire voir l'autre bout du monde : avec elle où n'aurois-je pas été ?

Comme je ne sçavois au juste dans quel mois je pourrois arriver, j'écrivis à *ma très-chere mère* une lettre de huit pages, où je faisois le récit de mes plaisirs, & la description des fêtes que Henriette m'avoit procurées. Après quoi je lui disois: »Qu'ignorant la durée de mon voyage & le mo- »ment de mon arrivée, j'avois l'honneur de pren- »dre les devans pour la calmer sur les inquiétu- »des qu'elle pourroit avoir de moi ; qu'elle de- »voit être persuadée qu'étant entre les mains »de Mademoiselle Henriette, rien ne pouvoit »m'arriver de fâcheux ; que si les baleines & les »crocodiles m'avoient épargné sur mer, les tau- »reaux & les loups, me respecteroient sans dou- »te sur terre : je finissois par lui dire que si l'envie »de voyager éloignoit de sa vue *son cher fils*, ses »pensées voloient toujours au devant d'elle ; »qu'il sentoit même son cœur s'agrandir pour »elle à mesure que le monde s'étendoit sous ses »pas ; qu'au surplus de loin comme de près il se- »roit toujours son très-humble serviteur & fils »soumis. *Daté de St. Cloud.*

A cette lettre j'en joignis deux autres pour mes deux tantes, où la tendresse étoit versée à pleines mains.

Après avoir bien cacheté ces dépêches, je les remis la veille de notre départ au Commandant du Vaiſſeau qui devoit partir le lendemain pour Paris ; je le priai à mains jointes d'avoir égard à ce petit paquet, lui repréſentant que s'il arrivoit qu'il ne parvînt pas à ſon adreſſe, il y alloit peut-être de la vie d'une mère & de deux tantes. J'avois eu la précaution de faire un *duplicata* de ces mêmes lettres, que je remis entre les mains d'un riche négociant de St. Cloud, pour les mettre ſur le premier vaiſſeau qui feroit voile pour Paris; tout cela me tranquilliſa : « Si le premier vaiſ-
» ſeau, diſois-je en moi-même, a le malheur d'é-
» chouer, au moins le ſecond pourra-t'il porter
» à Paris quelques nouvelles de nous.

Quand j'eus pris toutes ces précautions, nous ne penſâmes plus qu'à notre voyage, qui m'avoit tout l'air d'être long.

L'on ſe coucha de bonne heure pour partir de plus grand matin ; je ne ſçavois pas encore par quelle voie nous cheminerions ; car Henriette m'en faiſoit un myſtère pour me ménager ſans doute l'agrément de la ſurpriſe.

Le lendemain, l'aurore n'avoit pas encore avec ſes doigts de roſes entr'ouvert les portes do-rées du ſuperbe Orient, qu'Henriette étoit déja debout qui preſſoit la compagnie de partir. Plus belle que l'aurore, elle guida nos pas, & nous fit deſcendre au bord de la mer ; ſon étendue im-menſe renouvella chez moi les frayeurs que j'a-vois reſſenti lorſque je la vis pour la première fois avec mon Régent. Henriette s'en apperçut & me dit tout ce qu'elle put pour me raſſurer : que jamais vaisseau n'étoit péri dans cette partie où nous allions voguer, & mille autres choses ; je conclus de là que c'étoit apparemment la *mer pacifique*, & c'étoit elle.

Nous trouvâmes près du rivage une petite chaloupe qui étoit destinée absolument pour nôtre seule compagnie : on y fit descendre nos bagages avec des provisions de bouche, ce qui me fit croire que nous y passerions toute la journée.

Nous étions sept qui nous embarquâmes : Henriette, son frère, un Avocat & un Officier Marin, tous les deux de ses amis, moi & deux Matelots, car on ne voulut pas charger davantage l'équipage. Quoiqu'une nombreuse assemblée assemblée doive prévenir contre la peur, cependant je me trouvai plus à l'aise avec ce petit nombre, qu'avec cette prodigieuse multitude de passagers qui m'accompagnoient à mon départ de Paris : ainsi concentré dans cette compagnie choisie, nous nous apprêtâmes à bien rire.

Comme sur cette mer il ne régne point de vent, nous partîmes quand nous voulumes à la rame.

Les charmes de l'aurore commençoient peu à peu à s'évanouir, lorsque Henriette qui avoit à la main son *Colombat* & sa Montre *à minutes*, nous avertit de l'instant où le soleil alloit paroître ; effectivement comme elle parloit encore, nous le vîmes sortir du sein de l'Océan, & comme pour secouer les gouttes d'eau qui s'étoient attachées à sa chevelure dorée, il parut en faisant trois sécousses, & comme *tac*, *tac*, *tac* ; ce spectacle que je voyois pour la première fois me fit faire trois hélas. » O heureux, m'écriai-je alors,

» trois fois heureux, habitans des mers, petits &
» grands poiſſons, quel ſort eſt le vôtre ! Vous en-
» fantez celui qui donne la vie à l'univers ! Et
» vous auſſi heureux rivages, qui voyez naître
» dans votre plage celui que d'autres à peine ap-
» perçoivent au milieu de ſa courſe, que Paris
» acheteroit volontiers votre privilége ! » Je me
rappellai qu'au Collége j'avois entendu détailler
ces effets à peu près ; & je fus ſurpris que l'on y
eût des notions ſi diſtinctes de ce qui ſe paſſe ſi
loin. Je n'aurois pas manqué de meſurer le degré
de latitude auquel le ſoleil ſe lève : mais j'avois
perdu mon pied dans un des baſſins de St. Cloud
en voulant meſurer ſa longitude.

Les rayons du ſoleil naiſſant aiderent à nous
faire mieux appercevoir les Pays qui nous envi-
ronnoient : ſur notre droite une Ville conſidéra-
ble, qui avoit bien l'air d'une Capitale, ſe préſente à nos yeux, c'étoit Boulogne ; ce qui nous
fit voir que nous étions ſur la *Manche*. L'Officier
marin, qui avoit ſouvent doublé les Côtes (dans
le tems qu'il faiſoit la guerre en Catalogne) nous
dis, « que le mouillage devant cette Ville étoit
» très-mauvais pour toutes ſortes de bâtimens, à
» moins que les vents ne vinſſent depuis le nord
» juſqu'au ſud-eſt ; que de tous les autres vents il y
» étoit impoſſible d'y tenir, parce que la tenue y
» eſt très-mauvaiſe ; qu'il n'y a qu'un ſeul endroit
» à une portée de canon de terre où les pê-
» cheurs & les bâtimens marchands mouillent
» de baſſe-mer, en attendant le flot dont ils ſe
» ſervent pour entrer dans le port. » Tout cela
nous décida à n'y point *prendre terre.*

Puisque je suis à l'article de Boulogne, je dois avertir que tous les voyageurs qui ont parlé de cette Ville, parlent de *Tour-neuve* & de *Tour-d'ordre*; je ne sçais en vérité où ils ont pris ces deux Tours; pour moi je n'y ai vu qu'un clocher qui est fort élevé.

Sur notre gauche le rivage étoit bordé de superbes Châteaux, un entr'autres qui étoit annoncé par une large allée d'arbres: c'étoit, à ce que nous apprirent les matelots, l'endroit où l'Electeur de Baviere venoit goûter les douceurs de la campagne. Je fus charmé de me trouver en Allemagne; je crayonais aussi-tôt sur mes tablettes ce que j'y trouvai de remarquable. J'observai entr'autres choses; « que la mer qui bai-» gne ses bords est tout-à-fait douce, que les ri-» vages sont bordés d'un gazon assez verd, qu'il » pourroit aisément y croître des montagnes, si » on les cultivoit, attendu la grande quantité de » petites collines qui s'y trouvent. Le Ciel y est » serein; tout le tems que j'y fus je n'y vis ni » pleuvoir, ni tonner, ni neiger; & il croît mê-me, ce que j'ignorois, du vin sur des échalas.

Mais pendant que nous admirions toute la beauté de ce climat nouveau, voilà que de dessous un autre, qui sembloit planté au milieu de la mer, sort (*Loquear an sileam?*) trois monstres que la mer semble enfanter. Mais que dis-je, des monstres! c'étoit plutôt des déesses que j'eusse prises pour Venus sortant de l'onde écumante; leur teint vermeil étoit rehaussé par la blancheur de mille petits flots argentés qui venoient comme les caresser; leurs beaux yeux auroient électrisé les glaçons les plus condensés ; une chevelure blonde venoit flotter négligemment sous leur menton, & sembloit vouloir à dessein cacher les charmes que les flots pouvoient laisser entrevoir; mais Zéphir quelquefois badinoit avec la chevelure, vrai filet pour prendre les cœurs; leur parole n'étoit que miel, leur voix qu'enchantement ; elles sembloient porter l'opéra dans leur gosier. Elles nous invitoient à venir prendre le frais avec elles, & avec quel ton séduisant ne nous appelloient-elles pas! J'avoue qu'il ne fallut pas moins qu'Henriette pour me retenir. Aussi j'estime lui devoir la vie ; car ces déesses prétendues n'étoient autres que ces monstres qu'Ulisse rencontra dans sa route, & dont il eût été la malheureuse victime, s'il n'eût joué de stratagême. Je me ressouvins alors que notre Régent, en nous expliquant l'endroit d'Homère où il en est question, nous avoit bien dit qu'il y en avoit encore, des syrenes, que nous en rencontrerions dans notre chemin, & que nous aurions bien de la peine à nous en tirer. Qu'il parloit bien! Hélas! sans Henriette, que serois-je à présent !

Cet événement troubla un peu mes sens : ce que j'admirai depuis, c'est l'attention scrupuleuse qu'Henriette eut à m'avertir d'éloigner les yeux de ces objets, qu'elle avouoit être séduisant; elle ne voulut pas que je les détournasse de dessus elle. Il falloit qu'elle fût aussi sage, & aussi vertueuse qu'elle l'étoit, pour me donner un tel avis, où elle n'entroit pour rien assurément.

Je repris cependant mes esprits, & je rentrai
dans

dans notre compagnie qui étoit plus que suffi-
sante pour nous amuser.

Henriette sçavoit chanter ; son Frere manioit
la vielle fort joliment : l'Avocat jouoit du violon,
il possedoit par cœur tous les opéra du Pont-
Neuf, & les gestes dont il accompagnoit sa voix
& son jeu étoient capables de faire rire les pier-
res. L'Officier nous comptoit ses expéditions
maritimes : ainsi la conversation & le concert ne
laissoient jamais nos momens vuides. La douce
vie ! Qu'elle fait aisément oublier à un Ecolier la
Saint Remi !

Les plaisirs des yeux & des oreilles peuvent
bien suspendre pour un moment les besoins de
l'appetit ; mais ils ne les remplissent point. Aussi dès que nous en sentîmes les moindres attein-
tes, nous courumes aux provisions , charmés
d'ailleurs de diminuer la charge de l'équipage ;
nous les diminuâmes si bien, que ce qui en resta,
notre appetit satisfait, ne nous parut digne que
de faire la portion de nos deux matelots.

Nous avions à peine achevé notre repas,
qu'un danger plus terrible encore que tous ceux
que j'avois entrévus, se presente à nos yeux. C'é-
toit une énorme montagne dont la cime sembloit se perdre dans les nües ; le pied étoit couvert d'une épaisse fumée qu'une flâme vive &
claire interrompoit un instant, pour la laisser
après plus noire qu'auparavant : pour cette fois
il n'y avoit plus à douter que ce ne fût le *mont
Vesuve*. Un coup d'œil que je jettai en trem-
blant sur ma carte, ne fit que confirmer cette
horrible pensée ; à la vue de ce terrible écüeil ,

Je n'y pus tenir ; je me leve, je m'écrie, je tombe au pied de mon adorable Henriette, la conjurant avec larmes & prières d'éviter, autant pour elle que pour moi, cet inévitable écueil ; je lui récite aussi-tôt, avec toute la force que la vue d'un danger qu'on veut éviter peut inspirer, l'endroit de Virgile, où ce Poëte fait un tableau si effrayant de cet enfer. Henriette en pâlit, la frayeur se communique à toute la compagnie, & sur le champ on *revire de bord*. Cependant un des matelots, accoutumé sans doute à voir tous les jours ce terrible spectacle, ou bien dans la vue de nous calmer, nous assuroit froidement que ce n'étoit que la fumée d'un cochon que l'on brûloit ; (suivant la coutume des habitans de ce canton, fort gourmets de cette viande, de le faire mourir au milieu des flâmes, disoit-il) nous vîmes bien qu'il badinoit. Bref nous débarquâmes.

Mais quel étoit le pays où nous abordâmes ? Une longue plaine sans fin, bornée à gauche par la mer, à droite par une longue muraille qui ne montroit aucune entrée. Il n'y avoit point cependant d'autre route à tenir, à moins de retourner sur ses pas, & le jour étoit déja avancé ; autre difficulté mille fois plus fâcheuse. Nous n'avions point de voiture ; il falloit se résoudre à aller à pied, & Henriette ne pouvoit soûtenir une pareille façon de voyager : un heureux incident vint lever tous nos embarras. Pendant que nous dissertions fort chaudement, nous voyons arriver un gros de petite Cavalerie ; c'étoient des Anes chargés de toile (sans doute de Hollande) qui alloient apparemment à la Mecque.

Henriette aborda le Commandant de la caravanne, & ofa lui demander le fervice de fon
équipage. Le Commandant qui avoit fucé la po-
liteffe fur les frontiéres de Paris, le lui accorda
fur le champ ; il fait décharger toutes fes bêtes,
& fait mettre nos bagages à la place des fiens :
il céde fa propre monture à Henriette, &
après avoir laiffé fes gens à garder les bagages
de la caravanne, il nous accompagne lui-même, voulant nous fervir de guide ; nous ne vou-
lûmes point nous fervir de montures & nous fui-
vîmes à pied d'Henriette ainfi fit le Commandant. L'animal qui portoit Henriette, eft affez
curieux pour mériter une defcription. Il n'eft pas
de beaucoup fi gros que le cheval, mais il en a
l'encolure, à l'air modefte près ; fes oreilles font
longues & dreffées, de façon qu'à l'obfcurité on
pourroit le prendre pour un cerf ; il fert dans ce
pays-ci beaucoup à l'ufage de l'homme ; c'eft
pourquoi on l'appelle *Animal domeftique*. Il porte fort aifément ; il femble fait fur tout pour le
fervice du fexe ; fon pas eft lent, fon marcher
leger ; rarement il bronche : quand il fe fent près
de tomber, il plie les deux jambes de devant &
tombe fous lui-même fans renverfer fon cavalier. Le feul défaut qu'on peut lui reprocher,
c'eft que lorfqu'il voit un baffin d'eau, il fe ploie
voluptueufement dedans, foit pour fe rafraîchir
les pieds, foit pour voir fon aimable portraitu-
re ; l'on nous dit qu'en France les filles du Roi
s'en fervoient quelquefois dans des parties de
plaifir ; voilà comme on apprend des étrangers ce
qui fe paffe dans fon pays.

Ainſi chemina Henriette ſans aucune fatigue; nous ſuivîmes toujours cette longue muraille que je reconnus pour être cette fameuſe qui a plus de cinq cens lieuës de longueur, (auſſi bien il n’étoit pas poſſible d’en voir la fin) & qui ſépare la Chine de la Tartarie, placée exprès pour mettre ce puiſſant Etat d’Aſie à l’abri des Calmouks & des Montyales, L’énorme montagne, objet de nos frayeurs, ſe cachoit peu à peu derrière un Royaume que j’ai jugé devoir être celui de Naples, Enfin à force d’avancer, nous apperçûmes un amas confus de maiſons du centre duquel s’élevoit un clocher. Cette vue me raſſura ; je fus charmé de reconnoître dans un pays idolâtre des veſtiges de notre religion ; d’ailleurs c’étoit le lendemain Dimanche. Nous demandâmes à nos conducteurs ce que pouvoit » être cet endroit; ils nous dirent, «que c’étoit » l’Abbaye royale de *Long-Champ,* fondée il y a » bien des années ſous le régne de St. Louis; que » ce pieux Roi en avoit poſé lui-même la premiè- » re pierre, & qu’il y demeuroit des perſonnes » du ſexe qui n’y étoient entrées qu’après avoir » fait trois vœux, de chaſteté, pauvreté & obéiſ- » ſance, » Je jugeai que ce fait étoit arrivé apparemment dans le tems des Croiſades, que c’étoit quelque vœu que ce Prince Chrêtien avoit voulu acquitter, ou bien le noble deſſein de vouloir planter une branche du Chriſtianiſme dans une région qui ne le connoiſſoit qu’à la tête des Armées. Le brillant éclat du ſoleil étoit près de finir ſa pompeuſe carrière, pour faire place aux foibles lueurs des étoiles; nos proviſions étoient consommées, lorsque nous arrivâmes à cet heureux clocher, qui sembloit s'éloigner de nous à mesure que nous avancions. L'ignorance où nous étions des chemins, le risque que nous pouvions courir de tomber entre les mains des antipodes, nous firent déterminer à passer la nuit dans cet endroit ; mais il n'y avoit d'autre refuge à espérer que l'Abbaye royale, d'où l'on dit que les hommes n'approchent pas. Cependant sur le bruit qui se répandit, qu'il venoit d'arriver des étrangers François, on nous députa un ambassadeur pour nous offrir le couvert; nous fimes beaucoup de façons pour être reçus plus honorablement, ce qui réussit à merveille ; nous déguisâmes alors notre condition & notre naissance : Henriette devint Princesse, son frère Duc ; l'Avocat Président, l'Officier Lieutenant général, & moi jeune Seigneur curieux; on nous rendit toutes sortes d'honneur ; on nous fit voir même les dedans. Les bâtimens sont vastes sans être superbes ; l'Eglise est fort belle & bien entretenue ; je remarquai deux tombeaux de deux illustres Princesses de *Brabant*, sans doute de la noble & ancienne famille de *Childebrand*. Pour celles qui habitent cette retraite, je trouve qu'elles ressemblent assez à nos Françoises par les mains & par la tête. Le reste de leur figure est enfermé dans un sac qu'elles traînent toujours après elles ; il y en a de fort jolies, & qui m'ont tout l'air de n'être pas tout-à-fait contentes de la solitude.

Je voyois bien que Henriette au lieu de nous approcher de Paris nous en éloignoit ; ce que je

craignois le plus c'étoit de tomber à Constanti-
nople, où le Grand Seigneur, à la vue de Henriette, en seroit devenu amoureux à mes dépens.

Le lendemain quand nous eûmes entendu la
Messe, & fait nos adieux & nos remercimens,
nous nous mimes en route ; heureusement nous
trouvames une bréche à cette muraille sans fin ;
ravis & contens nous entrames, c'étoit comme
dans un nouvel univers. Ce n'étoit plus là ni plai-
nes, ni montagnes, ni rivages, ni flots, ni villes,
ni chateaux ; ce n'étoit qu'un assemblage confus
d'arbres, dont l'épais feuillage sembloit vouloir
dérober la lumière du soleil. La route n'est qu'un
labyrinthe pour tout étranger ! tantôt un sentier
seul conduit nos pas chancelans, & nous laisse
dans l'incertitude du vrai chemin ; tantôt la rencontre de vingt autres à la fois qui s'entrelacent,
nous desespère par la difficulté du choix : terrible
moment pour un voyageur ! Grace à ma boussole *, nous ne nous égarames pas ; sans elle, chè-
re Henriette, que serions-nous ? Que serois tu
toi-même, bel objet de mon amour ? Peut-être
hélas, renfermée dans le sérail du Grand Seigneur, tu serois au nombre des victimes desti-
nées à ses brutales ardeurs ; ou peut-être même encore actuellement dans les bras de ce
superbe Sultan, tu verrois tous tes charmes flé-
tris par tout autre que par ton amant.

Nous marchames long-tems dans ce vaste dé-

<hr>

* Ce fait ne doit pas paroître merveilleux : dans de parcil-
les circonstances la boussole sert sur terre comme sur mer, &
j'ai un de mes parens qui ne doit sa vie qu'à une pareille précaution.

sert, qui n'offre à la vue que des arbres & quelques bêtes sauvages; les arbres y sont très-grands; c'est de là sans doute que l'on tire les mâts des grands vaisseaux : ce qui est étonnant, c'est que ces si grands arbres ne produisent qu'un très-petit fruit; il est assez singulier : il est dur, ovale & un peu verd ; il se trouve renfermé dans une espéce de petite coque ferme, unie en dedans & sculptée en dehors, ce qui me les avoit fait prendre d'abord pour des cocotiers. Les animaux y sont rares ; il n'y en a guères que deux que je puisse citer avec honneur. Le *Coucou*, que l'on voit rarement, & que l'on entend toujours. Il ne répéte jamais autre chose que son nom, & encore le fait-il d'un ton triste & lugubre ; je ne pus m'empêcher de dire qu'il me faisoit peine, & on se mit à rire ; je ne sçais pourquoi. » Ah ! ah ! » me dit-on, vous n'êtes pas encore en l'âge ; » mais vous y viendrez. » L'autre est le *Faon* ; il est monté sur quatre pieds assez fluets, il a la taille légère , il porte la tête haute, a l'ouie très-fine & le regard fixe. Que la nature est bizarre dans ses productions ! Ce qu'il y a de plus beau dans cet animal est le dessous de sa queue : c'est une espéce de disque noir fort bien velouté. Il est si jaloux de ces graces, quoique mal placées, que si-tôt qu'il apperçoit quelqu'un, il les lui montre ; il est très-léger à la course, on prend plaisir à le chasser ; quoique petit d'un cerf, il ne porte point de bois.

A propos de bois, je placerai ici une anecdote, tirée d'un manuscrit authentique qui m'a été communiqué ; je vais la rapporter mot pour mot.

» Cette vaste forêt étoit autrefois peuplée de
» cerfs (dit l'historien) ; mais sur la requête de
» tous les maris de la bonne ville capitale, qui se
» sont mis en tête de ne pouvoir supporter la vue
» de cette coëffure, le Roi les a entièrement dé-
» truits , & fait mettre à la place des faons. De-
» puis ce tems les époux, continue l'historien ,
» n'ont plus la douleur d'entrevoir leur image ;
» mais si on leur a ôté le supplice des yeux, on
» ne leur a pas ôté celui des oreilles ; car on n'a
» pas pu exiler les Coucou. » Je ne suis pas d'â-
ge à comprendre cela ; si je l'ai rapporté, c'est
pour ceux qui sont plus âgés que moi. Cette forêt étoit si immense , que nous n'en trouvames
ni les bouts ni le centre. Enfin après avoir mar-
ché pendant un tems infini , nous apperçumes un
vaste bâtiment qui n'annnoncoit rien moins que
la puissance d'une tête couronnée , nous ne nous
trompames pas : c'étoit *Madrid* , *Madrid* lui-
même ; jugez si j'étois aise de voir de mes pro-
pres yeux la Capitale d'Espagne.

Si-tôt que nous fumes arrivés nous prîmes une
bonne réfection, nous en avions bien besoin :
disposés à voir après tout ce que nous pourrions
à la Cour du puissant Roi dans le domaine de qui
nous nous trouvions. Heureusement la Cour n'y
étoit point : nous vîmes de cette façon tout le
Château à notre aise. Le bâtiment est quarré,
fort élevé & très-solide : il est percé d'un nombre
infini de fenêtres ; il me paroît que c'est la façon
de bâtir des Espagnols ; les Appartemens sont
vastes, mais non magnifiques : une petite galerie
situés en dehors, communique à toutes les piè-
ces

ces : les trumeaux des croiſées ſont ornés de
compartimens colorés, qui font autant de bril-
lants lorſque le ſoleil darde deſſus ; ce qui me
l'auroit fait prendre pour la tour de porcelaine
de *Nankin*. Il me tardoit de voir l'endroit infor-
tuné où Charles-Quint retint priſonnier notre
bon feu Roi François premier, de bienheureuſe
mémoire. La penſée d'un Roi affligé me conſ-
terna le cœur ; & en ce moment, comme ſi
c'eût été celui de ce cruel événement , je cher-
chai les moyens de lui faciliter ſa ſortie ; & je
trouvai qne la ſerrure pouvoit aiſément ſe lever,
abſtraction faite des quatre vis qui la retiennent ;
que de là on pouvoit par un petit coridor percer
dans un petit jardin, lequel donne dans la forêt.
On admira mon heureuſe facilité à trouver des
expédiens. « C'eſt bien dommage , me diſoit-
» on d'un air content, que vous n'ayez pas été
» du tems de François premier. » Je fus, je vous
l'avoue , enchanté de cette heureuſe découver-
te, non pas tant pour faire preuve de mon eſ-
prit, que pour montrer mon amour pour mon
Roi & ma patrie. Quand nous eumes vu tout ce
qu'il y avoit à voir, nous nous retirâmes. L'on
nous avertit que, quoique la Cour n'y fût pas,
il alloit ſe rendre à ces environs un concours pro-
digieux de la plus belle nobleſſe , qui s'y donnoit
comme un rendez-vous pour y prendre l'air qui
paſſe pour être infiniment meilleur que dans les
jardins publics. En attendant nous nous repoſâ-
mes au pied d'un arbre ſur un gazon verdoyant,
que nous foulâmes avec Henriette , qui ſe mit à
chanter : l'Officier l'accompagnoit de la voix ,

ils formèrent un concert charmant que les zé-
phyrs ne cessèrent de porter aux échos , & que
les échos ne cessèrent de répéter.

Nous ne fûmes pas une heure à goûter la fraî-
cheur de nos siéges, que nous vimes arriver pres-
qu'à la fois un nombre infini de voitures qui ame-
noient le monde le plus brillant. Les unes se promenoient dedans leur équipage ; les autres se
se tenoient assis : d'autres se promenoient à pied,
tous pour voir & pour être vus. Il y en avoit plusieurs qui nullement atteints de cette petite va-
nité s'enfonçoient dans le bois. Ceux-là étoient
toujours deux de compagnie, & de sexe diffé-
rent : j'eus la curiosité de voir si c'étoit humeur
de misanthropie qui les détachoit ainsi des autres ; mais je vis qu'après un petit quart d'heure
qu'ils avoient passé à rire, à folâtrer ensemble,
ils revenoient au centre commun. C'est ici la
place de dire un mot des habillemens Espagnols.
Les hommes sont habillés absolument comme
nous autres François, en noir, pour servir d'om-
bre apparemment au beau sexe ; ceux qui portent l'épée portent la couleur : mais les femmes
surpassent nos Françoises dans leurs ajustemens.
D'abord elles sont bouclées par le devant, &
ont les cheveux relevés simplement par derrière,
voilà pour le plus grand nombre. D'autres sont
entièrement marronnées, car c'est le terme ; de
façon qu'elles ressemblent à un jeune cavalier
dont les cheveux jadis coupés, sont frisés pour
la première fois : un petit morceau de dentelle
ajusté fait cependant le centre de cette coëffure, auquel on joint quelques fleurs soit artifi-

cielles, soit naturelles; c'est la couleur de la peau,
ou le degré de l'âge qui décide de la couleur de
de ces petits ajustemens furnuméraires. Leurs
oreilles qui fortent de leurs touffes de cheveux
font allongées par des pierreries à un, deux &
quelquefois même à trois étages : autour du cou
elles portent un collier, où est, je crois, mar-
qué le nom de celui à qui elles appartiennent ;
leur physionomie est plus composée que celle de
nos Françoises ; à la voir feulement l'on juge que
la peinture est fort en goût en Espagne. Une
énorme machine leur fert d'enceinte, & les met
à l'aise au milieu de le plus grande affluence :
elle leur fert aussi d'accoudoir, & de montre
pour étaler toute la magnificence de leurs robes.
Il faut convenir cependant qu'elles font extrêmement modestes : pour s'envelopper depuis le
menton jusqu'aux coudes, elles ont un ornement
exprès qu'elles portent dans le bras, lorsqu'elles
font à la promenade. Cet ornement, qui a un
nom, se peut porter de différentes couleurs ; les
blancs font les mieux reçus pour le préfent fur
ce théâtre. Leur goût pour la parure va jusqu'aux
pieds : elles font extrêmement jaloufes d'être
bien chauffées ; elles préfèrent à tout le foulier
blanc fur un bas blanc ; elles ont encore un goût
fingulier, c'est pour les odeurs ; on ne fçait fi
c'est par fimple plaifir, ou par néceffité pour leur
propre odorat ou pour celui des autres.

Pendant que je confidérois tout ce dont je
viens de faire récit, il arrivoit fans ceffe de nouvelles compagnies plus brillantes les unes que
les autres. Parmi celles-ci j'en ai remarqué une

claffe qui l'emporte à beaucoup d'égards fur toutes les autres ; on les appelle, fi je ne me trompe, *Impératrices* ou *Opératrices*, ou à peu près comme ça ; leur fuite eft toujours la mieux choifie ; ce ne font que des Seigneurs, beaux, parés & riches qui les entourent ; tous les yeux font attachés fur elles, & elles reçoivent avec un certain plaifir ces efpéces d'hommages ; elles ont le regard fier, mais tendre en même tems. Tel eft l'apanage de la grandeur. Tout ce bel affemblage de beautés & de magnificence ne me furprit pas tant que d'entendre parler François ; je m'imaginois qu'on ne parloit François qu'à Paris, & que par-tout ailleurs on parloit Latin ; & que c'étoit pour cela qu'on faifoit apprendre cette dernière langue à tous les jeunes gens, avec tant d'opiniâtreté ; mais l'on me dit que l'on parloit François dans toutes les Cours de l'Europe, ce qui me donna une grande idée de la France. Comme nous étions à nous promener, Henriette rencontra un jeune Seigneur François qui parut fort furpris de la voir en Efpagne, Ce jeune Seigneur avoit fa compagnie ; nous n'en fîmes qu'une. Je remarquai que dès que Henriette lui eut dit deux mots de ma perfonne, il prit pour moi une poignée d'affection; il me fit faire auffi-tôt connoiffance avec toutes fes Dames, qui m'accablèrent de politeffes fitôt qu'elles fçurent que j'étois François & né natif de Paris, Je me trouvai un peu embarraffé : on nous avoit fait accroire au Collége que les perfonnes du fexe étoient toujours à craindre ; la vue d'une feule nous faifoit fuir bien loin : jugez

si je ne devois pas être timide au milieu d'un cercle de Dames qui me prévenoient par des com-
plaisances. Je me laissai cependant aller, au
moins par curiosité ; elles me firent mille questions sur Paris & sur ses environs ; je leur répon-
dis assez brièvement , parce que je ne les con-
noissois pas trop au fond : mais sur mes voyages
elles ne cessérent de m'interroger ; je leur ré-
pondois de façon qu'elles rioient toujours ;
mon ingénuité leur plaisoit. Comme elles me dirent que pour elles elles étoient Espagnoles , je
pris la liberté de leur faire à mon tour quelques
demandes ; elles m'apprirent mille particulari-
tés plus intéressantes les unes que les autres.
»En Espagne ce n'est pas comme en France ,
»me dit une de ces Dames ; le commerce ne
»des honore point : allez demain dans la ville, &
»vous ne verrez dans tous les comptoirs que des
»Duchesses ; elles ne sont pas fières ; elles sont
»souvent plus riches sur elles que leur coffre : en
»voici une bande qui passe. Les jeunes gens de
»même , dit une autre, ne se font point deshon-
»neur d'être toute la journée sur le pas d'une
»porte de boutique à étaler leur veste de soie en
»été, & en Hyver à cacher leurs mains dans un
»manchon & à taper du pied ; le croiriez-vous
»à les voir ?

»Voyez-vous , me dit une troisième , ces
»déesses qui viennent à nous, qu'une foule d'a-
»dorateurs entoure ? Oui ; ne sont-ce pas des
»*Impératrices* ? Des *Impératrices* ? Non, non, des
»*Opératrices* ! Bon, vous sçavez déja leur nom !
»mais sçavez-vous ce qu'elles font ? je vais vous

»le dire C'est une claſſe ſingulière de nobleſſe
»dont les titres ainſi que la naiſſance ſe perdent
»dans l'antiquité la plus reculée ; il y en a qui aſ-
»ſurent qu'elles deſcendent de Pſyché & de l'A-
»mour ; leurs archives doivent ſe trouver dans
»l'Iſle de Cythère. Ce qui les rend ſi aimables,
»c'eſt qu'elles commencent par oublier ce qu'el-
»les ſont ; elles ſont en entrant dans le monde
»une ceſſion de tous leurs biens au premier en-
»chériſſeur qui ſe préſente. L'enchére monte
»toujours, & les enchériſſeurs ſont toujours re-
»çus ; de façon que les biens paſſent entre les
»mains de pluſieurs ſans reſter à un ſeul. Ce qu'il
»y a de plus illuſtre dans l'Epée, dans la Robe,
»& quelquefois dans le Tiers-état compoſent
»leur Cour. L'Etat les entretient en partie, &
»en partie les différens particuliers. La ſeule
»charge que l'Etat leur impoſe, c'eſt de venir
»de tems en tems réciter en public leurs lan-
»gueurs, en récitant celles des autres, & plei-
»nes de vie ſembler mourir en chantant.

»Les autres qui les ſuivent de près, deſcen-
»dent la plûpart de la même origine, ſans avoir
»les mêmes titres : auſſi veulent-elles par une
»eſpéce de rivalité contrefaire la même magni-
»ficence. Comme elles, elles ont une Cour la
»mieux choiſie qu'elles peuvent ; elles y vaquent
»plus librement, parce qu'elles n'ont pas de
»charge d'Etat ; mais les unes & les autres jouiſ-
»ſent à peu près des mêmes droits, qui ſont de
»maîtriſer ce qu'il y a de grand dans le Royau-
»me, d'enchaîner les plus importantes intrigues,
»de diſpoſer des plus grands événemens. Ce

» font elles qui influent fur tout fur le commerce,
» principalement celui des modes. Auffi le public
» reconnoiffant prend foin de l'éducation de
» leur famille ; il eft au centre de Paris un Pa-
» lais fuperbe où fe troùvent raffemblés les dif-
» férens rejettons de leurs diverfes amours ; leur
» enfance y eft dorlotée foigneufement. C'eft
» dans ce tems qu'on les produit au dehors pour
» fervir de modéle aux futures mères, afin de
» multiplier, s'il fe peut, la race des amours &
» des graces qui commence à s'éteindre ; leur
» jeuneffe eft à peine éclofe, qu'animés du beau
» feu à qui ils doivent naiffance, ils brûlent de
» le communiquer. C'eft alors qu'ainfi que le
» Nil, fe répandant de côté & d'autre fans con-
» noître leur fource, ils affurent à la République
» une feconde génération de citoyens, qui dans
» fon tems en produira une troifiéme, & ainfi à
» perpétuité.

Je ne finirois pas fi je rapportois toutes les
belles chofes que j'ai apprifes de la bouche de
ces belles Dames. On fe laffa d'être affis, on voulut fe promener ; l'on me connoiffoit déja par
tout ; il n'y avoit point d'allée où je n'entendis
dire à côté de moi, *ah ! voilà le François !* j'en
étois tout glorieux, d'autant qu'au Collége on
ne me traitoit guères que de *Marmot.* Oh ! que
j'aurois voulu que mes compagnons & mes ré-
gens m'euffent vû ainfi au milieu d'un cercle de
perfonnes choifies du fexe, connu, accueilli de
tout le monde, & ainfi que Démofthène mon-
tré au doigt : que je me ferois bien vengé des
titres humilians dont fur tout les derniers m'ac-
cabloient !

Mais hélas ! il fallut encore faire le sacrifice de ces plaisirs. Henriette pressoit notre départ pour arriver au jour fixé. Nous fîmes donc nos adieux à la belle compagnie, qui vouloit, disoit-elle, jouir encore du beau ciel d'Espagne. Pendant que se faisoient toutes les cérémonies du départ, l'Officier nous amena un carosse de voiture qui devoit nous conduire jusqu'à Paris. Nous montames dedans au milieu des souhaits les plus tendres de toutes les Dames qui me souhaiterent à moi particuliérement un bon voyage pour la France. L'Officier ne voulut pas nous suivre : l'Espagne avoit des attraits particuliers pour lui.

Je ne fus pas plutôt enfoncé dans ce carosse de voiture que je me trouvai assailli, des vapeurs du sommeil : j'y succombai malgré moi ; je ne me réveillai que lorsque nous sortimes de cette vaste forêt ; je fus fort étonné d'apprendre que j'avois dormi vingt-quatre heures, sans cependant ressentir de besoin. L'on a bien raison de dire que *qui dort dîne*. L'endroit où je me réveillai étoit ville *limitrophe* & comme neutre entre l'Espagne & la France. C'est là apparemment que se font les remises des Princesses d'Espagne, lorsqu'elles vont en France épouser quelques Princes. Le grand commerce de cette ville qui est fort longue, est en vin ; mais il me paroît qu'il ne se garde pas long-tems : dans toutes les maisons l'on ne voit que gens qui le boivent. Nous ne sortimes de cette ville que par une descente qui effraye les plus courageux, tant par sa propre roideur, que par le risque que l'on court de se précipiter dans la mer, qui le trouve au bas précisément. Ici je me reconnus parfaitement ; je vis que cette ville que nous venions de traverser étoit *Passi* ; que l'endroit où nous nous trouvions étoit le Couvent des *Bons-Hommes*, & qu'enfin nous n'étions pas éloignés de Paris. Effectivement *Chaillot* parut bientôt à nos yeux ; les petits Cours se trouvèrent au bout, après quoi les *Tuileries*, & enfin le *Pont Royal*.

Le carosse de voiture nous ramena jusqu'à notre porte : la convention étoit ainsi faite. Henriette me remit entre les mains de ma très-chère mère, qui me reçut en pleurant : l'on avertit sur le champ mes deux bonnes tantes qui avoient dèja soupé, & à qui ma vue procura une foire aussi longue que celle de *St. Clair*. Nous ne pumes nous entretenir que des yeux : la voix nous manquoit à tous quatre ; je remis au lendemain à faire le récit de mes voyages.

La première chose qui me surprit le lendemain, c'étoit de trouver que c'étoit Lundi à Paris : étant parti de Madrid le Dimanche, & ayant dormi vingt-quatre heures, ce devoit bien être le Mardi ; j'en demandai la raison à mon régent, qui étoit accouru me voir dès le grand matin : il m'expliqua cette énigme le mieux qu'il put : de tout ce qu'il m'a dit j'ai conçu qu'en Espagne ils comptent les jours autrement qu'en France, comme ils le font encore en Angleterre.

D

parens, voisins, inconnus même, chacun me faisoit des questions. Henriette me conseilla, pour les satisfaire tous, de composer l'Histoire de mes voyages ; je l'ai faite ; c'est au public à voir si j'ai réussi.

P. S. En finissant cet Ouvrage, j'apprends qu'il paroît une seconde édition du *Voyage de St. Cloud, par Mer & par Terre.* Je supplie le public de recevoir mes protestations contre la première & la seconde édition de cet Ouvrage ; s'il reçoit favorablement cette seconde Partie, je donnerai la première dans toute sa pureté, il verra la différence.